Mein Haus. Mein Baum. Mein Sohn.

VATER & SOHN

Deutsche Erstausgabe

Umschlag: Alexandra Auer
Foto: Julie Gang
Satz: Brit Schubert
Printed in Spain

ISBN 3-89769-047-0

Und für die Väter von Mädchen:
VATER & TOCHTER
ISBN 3-89769-048-9

www.lardonmediaag.de

VATER & SOHN

Goldene Regeln

für die Erziehung Ihres Sprösslings

ins Deutsche übertragen
von Rolf Schubert

LARDON

DIE FÜNF GRUNDREGELN

08 DIE FÜNF GRUNDREGELN

Einen kleinen Jungen zum Mann heranwachsen zu lassen, das erfordert einen Mann, den ganzen Mann. Soweit wir zurückdenken können, lag es stets bei den Vätern, die Söhne zu selbständigen Menschen zu erziehen. Ihnen Hilfsbereitschaft, Mut und Ehrlichkeit beizubringen. Wenn kleine Jungen auf die Welt kommen, dann nicht mit genauen Anweisungen, wie sie zu behandeln seien. Was sie mitbringen, ist grenzenlose Liebe und eine enorme Begeisterungsfähigkeit. Der Weg, auf dem der Junge zum Mann wird, beginnt freilich recht bald, nämlich dort, wo der kleine Junge zum ersten Mal zu seinem Vater aufsieht und den Gedanken fasst: »Ich möchte sein wie er.«

* 1 *

Seien Sie jederzeit für ihn da.

* 2 *

Seien Sie ein Vater für ihn, kein Kumpel. Wenn Ihnen dieser Unterschied nicht klar ist, dann stellen Sie sich mal vor, welches Durcheinander in seinem Kopf entsteht, sollten Sie ihn irgendwann bestrafen müssen.

* 3 *

Seien Sie ein zuvorkommender Ehemann.
Bringen Sie seiner Mutter immer
und überall Achtung entgegen.

* 4 *

Seien Sie stets zum Abendessen zu Haus.

* 5 *

Seien Sie ein Vorbild für Ihren Sohn.

KLEINE JUNGEN

Jede Minute,
die Sie mit Ihrem Sohn verbringen,
muss Ihnen kostbar sein.

Bringen Sie ihm bei,
dass man Geheimnisse
unter keinen Umständen verrät.

Zeigen Sie ihm,
wie man einen Eclair isst.
Das ist eine Kunst,
die ihm sein Leben lang nützen wird.

Solange er im Entwicklungsalter ist,
sollten Sie darauf sehen,
dass er zu einer festen Zeit ins Bett geht.
Jungen brauchen ihren Schlaf.

Machen Sie ihm begreiflich,
dass er für ein Mittagsschläfchen
nie zu alt ist.

Nehmen Sie ihn auf Wanderungen mit.
Wecken Sie sein Interesse
für die bunte Welt der Insekten.

Lesen Sie ihm jeden Abend vor.
Er wird es nicht missen wollen.

Lassen Sie ihn nicht
in Ihrem Bett schlafen,
auch wenn er sich ängstigt oder krank ist.
Schlafen Sie in einem solchen Fall
lieber in seinem Zimmer
auf dem Fußboden.

Versuchen Sie
mit dem Rauchen aufzuhören;
trinken Sie auch keinen Alkohol mehr.
Wenn er seinen Vater nie mit einem Glas
in der Hand sieht, wird das Trinken für ihn
keine Verlockung sein.

Zeigen Sie ihm,
wie man eine Blume einpflanzt.
Drei Dinge braucht man dazu,
die kleine Jungen über alles mögen:
Blumenerde, Buddeln
und den Gartenschlauch.

Bringen Sie ihm das Radfahren bei.
Es bedeutet ein Stück Freiheit.
Joggen Sie neben ihm her.

Drücken Sie ein Auge zu,
wenn er mal mit Puppen spielt.
Das ist kein großes Ding.

Fragen Sie ihn,
was er tagsüber gemacht hat.
Und hören Sie ihm gut zu,
wenn er davon erzählt.

Gehen Sie mit ihm auf den Rummelplatz. Fahren Sie mit ihm auch auf dem Karussel, auf das seine Mutter nie klettern würde. (Irgendwann werden Sie das auch nicht mehr tun, also wagen Sie sich ran, solange Ihr Herz noch mitmacht.)

Bestärken Sie ihn
in seiner Freude am Lernen.

Zeigen Sie ihm,
wie man die Nummern 110 und 112 wählt;
sagen Sie ihm,
wann und warum er dort anrufen soll.

Kaufen Sie ihm ein Gerät,
an das er sich dranhängen kann,
ein Klettergerüst oder einen Barren.
Irgendwas in der Art.

Zeigen Sie ihm,
wie man einen Faustschlag landet.
Und dann schärfen Sie ihm ein,
dass er nie einen Kampf anfangen soll.
Sagen Sie ihm, dass es besser ist,
vorher abzudrehen.

Nehmen Sie ihn mit auf Ausflüge
in die Natur und zeigen Sie ihm,
wie man durch einen Fluss watet.
Er soll dabei ruhig nass
und schmutzig werden.

Zeigen Sie Ihren Kollegen im Büro seine Bastelarbeiten. Auch das ulkige Ding, das ein Aschenbecher sein soll.

Wenn er möchte,
lassen Sie ihn ruhig in Ihrer Nähe sein.
Bedenken Sie,
wie wichtig das für ihn ist,
wenn er lernen soll, was es bedeutet,
ein Mann zu sein.

Wenn ein Junge unglücklich ist,
dann ist er häufig nur hungrig oder müde.
Oder beides.

Schalten Sie den Fernseher ab,
machen Sie das Licht im Zimmer aus,
geben Sie ihm eine Taschenlampe
und denken Sie sich für abends ein paar
Geschichten aus. Sie werden sehen,
dass er gar nicht genug
davon bekommen kann.

Gehen Sie mit ihm
am Samstag Vormittag eine Cola trinken.
Und dann fragen Sie ihn,
wie es in der Schule so läuft.

Reden Sie frühzeitig mit ihm
über Drogen und Alkohol;
Kinder sind schon mit fünf Jahren
für diese Themen ansprechbar.
Wenn Sie's nicht tun,
macht's ein anderer.

Frühstücken Sie mit ihm gemeinsam.

Zeigen Sie ihm,
wie er sein Zimmer aufräumen soll.
Jungen lernen das nicht einfach
mit der Muttermilch.

Wenn Sie ihm einen Superman-Pyjama kaufen, dann dürfen Sie sich nicht wundern, wenn er von Tischen und Stühlen und auch von seinem Etagenbett runterspringt. Und manchmal auch auf Sie drauf.

Zeigen Sie ihm,
wie er Sie bei der Arbeit anrufen kann.
Nehmen Sie seine Anrufe aber auch an.
Wimmeln Sie ihn nie ab.

Öffnen Sie ihm die Augen
für das Wunderbare.

Bringen Sie ihm bei,
die Umwelt mit seinem Abfall
zu verschonen.

Schärfen Sie ihm so oft wie nötig ein, dass man sich beim Pinkeln hinsetzt und danach die Spülung betätigt.

Bringen Sie ihm bei, rechtzeitig auf die Toilette zu gehen. Es bekommt Ihren Nerven und Ihrer Wohnung einfach besser.

Bringen Sie ihm bei,
dass er immer zurückgeben muss,
was er sich geliehen hat.

Lassen Sie ihn ausprobieren,
wie köstlich
Schokoladenkuchenteig schmeckt.

Sagen Sie ihm,
dass er mit Sicherheit nicht stirbt,
wenn er ein bisschen Blut vergießt.

Nehmen Sie ihn gelegentlich
mit an Ihren Arbeitsplatz.
Behandeln Sie ihn mit der gleichen
Aufmerksamkeit wie alle anderen im Büro.

Sagen Sie ihm ab und zu,
dass Sie sich geirrt haben.

Laufen Sie mit ihm um die Wette.
Den Tag, an dem er gewinnt,
wird er nie vergessen.

Übertragen Sie ihm Verantwortung.

Machen Sie aus dem Fernseher keinen Babysitter.

Verschaffen Sie ihm die Gewissheit, zu Hause immer gut aufgehoben zu sein.

Kaufen Sie ihm erst ein Haustier,
wenn er in der Lage ist, es zu versorgen.
So lernt er, dass es außer ihm
noch etwas anderes gibt,
um das er sich kümmern muss.

Loben Sie ihn - so oft wie möglich.

Bringen Sie ihm bei, anderen Menschen Komplimente zu machen.

Dulden Sie keinerlei Wutanfälle.
Nicht jetzt und auch nicht,
wenn er fünfzehn ist.
Seine Umwelt wird später
auch nichts dafür übrig haben.

Schreien Sie ihn an und Sie werden einen Schreihals großziehen.

Schärfen Sie ihm ein,
dass man seine Mitmenschen nicht verletzt.

Lassen Sie ihn nie
mit einer Enttäuschung allein.
Er lernt sonst nichts daraus.

Für ganz, ganz lange Zeit wird er
am liebsten mit Ihnen spielen wollen.
Seien Sie also für ihn da.
Auch wenn Sie müde sind.
Auch wenn Ihr Auftritt beim Kunden
gerade ein Flop war.
Seien Sie immer für ihn da.

Ermutigen Sie ihn, barfuß zu gehen.

Schärfen Sie ihm ein,
sein Fahrrad abzuschließen.

Bringen Sie ihm bei,
dass man keine Angst
vor Tieren haben muss,
dass man sie aber respektieren soll.

Fragen Sie ihn nach seinen Vorbildern.
Ihnen eifert er nach.

Fragen sie ihn,
was er machen möchte,
wenn er erwachsen ist.
Seine Antwort
sollte Sie nicht beunruhigen.

Bringen Sie ihm bei,
wie wundervoll es ist,
den Mond anzuschauen.

Machen Sie ihm klar,
dass jedes Leben kostbar ist.

Sie müssen ihm helfen zu begreifen,
dass sein Wort verbindlich ist.
Denken Sie immer daran:
Er kann es nur von Ihnen lernen.

Zeigen Sie ihm,
wie das Gras wächst,
wenn er es tüchtig gießt.

Helfen Sie ihm,
sein Haustier zu beerdigen.

Vergessen Sie nicht:
Kleine Jungen mögen ihren Großvater.
Keiner weiß eigentlich warum.

Sprechen Sie mit ihm ruhig über schlechte Menschen und sagen Sie ihm, was er tun sollte, wenn sie ihn ansprechen. Aber machen Sie ihm keine Angst.

Achten Sie darauf,
dass er viel draußen spielt.
Das ist viel gesünder,
als vor dem Fernseher
oder am Computer zu hocken.

Zeigen Sie ihm,
wie man das Vorderrad hochreisst.

Sie können einen kleinen Jungen nicht stundenlang liebkosen, knuddeln oder abküssen!

Bedenken Sie:
Kleine Jungen sind wie Löwenjunge, sie knuddeln, kämpfen und tollen miteinander auf dem Boden herum, wenn sie ihre Zuneigung zeigen wollen.

Fechten Sie nicht seine Kämpfe aus.

Sagen Sie ihm nie,
dass Jungen nicht weinen.
Fragen Sie ihn lieber,
warum er weint.

Bringen Sie ihm bei,
dass er die Unordnung,
die er hinterlassen hat,
auch wieder beseitigen muss.

Lassen Sie ihn ruhig an den
Weihnachtsmann glauben.
Und auch an den Nikolaus.
Oder an den Osterhasen.
Bestärken Sie ihn, an Wunder zu glauben.
Dann wird er auch später
immer ein Gespür dafür haben.

Gehen Sie zeitig aus dem Büro,
damit Sie abends noch mit
Ihrem Sohn spielen können.

Bringen Sie ihm bei,
dass man teilen muss.

Lassen Sie ihn Klavier spielen lernen.

Machen Sie sich klar,
dass es Dinge gibt,
die Sie ihm nicht beibringen können.

Lassen Sie ihn zuschauen,
wenn Sie sich rasieren.
Er kann sich dann
auf vieles einen Reim machen.

Bringen Sie ihm bei,
Autorität zu respektieren,
aber nicht in Ehrfurcht zu erstarren.

Bestärken Sie ihn darin,
mit Jungen aller Hautfarben und Herkunft
Freundschaft zu schließen.
Auch mit denen,
die kein Wort deutsch können.

Verbringen Sie ausreichend Zeit
mit Ihrem Sohn und seinen Freunden,
solange sie klein sind.
Wenn er älter ist, wird er dann nichts
dabei finden, dass Sie anwesend sind,
wenn er seine Freunde zu Besuch hat.

Zeigen Sie ihm, wie toll Nutella auf Brötchen schmeckt.

Zeigen Sie ihm, wie man einen Knoten macht und seine Schuhe putzt.

Vergessen Sie nicht:
Die Wertvorstellungen,
die Sie ihm jetzt vermitteln,
wird er sich als Jugendlicher
zu eigen gemacht haben.

Kontrollieren Sie jeden Abend
seine Hausarbeiten.
Überlassen Sie das nicht
ausschließlich seiner Mutter.
So wird Ihr Sohn begreifen,
wie wichtig Ihnen
seine schulischen Leistungen sind.

Kaufen Sie ihm nicht alles,
was er haben möchte,
auch wenn Sie die Mittel dazu hätten.

Vergessen Sie nicht:
Wenn Sie mit ihm herumbrüllen,
wird er unter Garantie
auch immer den Hals aufreißen.

Zeigen Sie ihm,

auf welchem Wege er nach Hause kommt.

Kritisieren Sie nicht seine Fehler,
kritisieren Sie,
dass er sich nicht anstrengt.

Zeigen Sie ihm wie man spuckt.
Er wird's den ganzen Tag üben.

Gehen Sie Samstags morgens mit ihm frühstücken und lassen Sie seine Mutter länger schlafen.

Zeigen Sie ihm,
wie man den Computer benutzt,
wie man tippt und E-Mails versendet.

Teilen Sie sich ein dickes fettes Grillhähnchen mit ihm, je fetttriefender, desto besser.

Bringen Sie ihm bei,
dass er nie Angst haben sollte,
was Neues auszuprobieren.

JUNGEN & SPORT

Denken Sie daran:
Für Kinder ist das Wichtigste am Sport,
dass sie Spaß haben.

Wenn Ihr Sohn in diesem Alter
Mitglied in einem Sportverein ist,
dann muss Ihnen klar sein,
dass er vor allem das Vereinstrikot
heiß und innig liebt. Lassen Sie es ihn also
auch in der Schule tragen.

Versuchen Sie,
keines seiner Spiele zu verpassen.
Für einen Jungen ist wichtig, dass sein
Vater ihm zuschaut und ihn anfeuert.
Nach dem Spiel wird er
Sie jedesmal fragen:
»Hast du mich gesehen?«

Nach jedem Spiel müssen Sie ihn unbedingt loben.

Zeigen Sie ihm,
wie man Fußballschuhe schnürt.

Zeigen Sie ihm,
wie man eine Ecke tritt.

Nehmen Sie ihn zum Angeln mit.

Nehmen Sie ihn mit auf den Golfplatz
und erklären Sie ihm das Spiel.
Auch wenn er erst drei ist.
Nur Geduld.

Vergessen Sie nicht,
dass sich kleine Jungen eher für Insekten,
Eierpampe und allen möglichen anderen
Kram interessieren als für das Spiel,
das um sie herum abläuft.
Wenn Sie brüllen,
wird das auch nichts ändern.

Wenn Sie feststellen, dass Sie leicht mit ihm oder dem Schiedsrichter rummeckern, dann nehmen Sie vorsichtshalber ein Buch mit auf den Platz und setzen sich abseits der übrigen Zuschauer. Die werden Sie zwar für ein bisschen merkwürdig halten, aber Ihr Sohn wird es schätzen.

Sollte der Trainer ein Schreihals sein,
suchen Sie einen anderen Verein.
Sollten Sie selbst der Trainer sein,
dann geben Sie den Job auf.

Bringen Sie ihm Schwimmen bei.
Wenn Sie nicht wissen,
wie Sie das machen sollen,
schicken Sie ihn zum Schwimmunterricht.

Bringen Sie ihm Gewichtheben bei.

Nehmen Sie ihn mit ins Eishockeystadion.
Jungen mögen die Prügeleien.
(Das ist zwar überhaupt nicht pc,
aber eine Tatsache).

Lassen Sie ihn

seine Sportsachen selber tragen.

Nehmen Sie ihn mit zum Reiten.
(Zur Not tut's ein 15 Jahre alter, dreibeiniger Klepper.
Ihr Sohn wird sich jedenfalls an einen weißen Hengst erinnern.)

Kritteln Sie nach dem Spiel
nicht an ihm herum.
Er weiß genau, was er gemacht hat
und was nicht.
Er braucht einen Vater, der ihn unterstützt.
Kritisieren tut ihn schon sein Trainer.

Üben Sie mit ihm und
er wird sich verbessern.
Das gilt für alles,
was er macht ... auch für Mathe.

Glauben Sie nur nicht, Ihr Sohn werde ein Profi, nur weil er mehr Tore schießt als andere. Sie müssen aber auch nicht befürchten, dass er sein Leben lang eine Niete bleibt, weil er der schlechteste Spieler auf dem Platz ist. Ob nun so oder so, sicher ist, dass er mit 17 im Sport genau Durchschnitt sein wird.

Lesen Sie den Sportteil mit ihm.
(Lesen ist Lesen).

Merken Sie sich:

Sollte seine Fußball- (oder Basketball- oder
Schwimm- oder eine andere) Mannschaft
für Sie wichtiger sein als für ihn,
dann stimmt was nicht.
Und zwar mit Ihnen.

Bringen Sie ihm bei,
ein guter Verlierer zu sein.

Bringen Sie ihm bei,
wie man gewinnt.

Tadeln Sie ihn,
wenn er keinen Sportsgeist besitzt.
Sonst wird das sein
ganzes Leben lang so sein.

Machen Sie ihm klar:
»Keine Versetzung, kein Sport.«
Auch wenn er dadurch die
Ausscheidungsspiele im Bezirk verpasst.

Sagen Sie ihm,
dass er nicht der Beste zu sein braucht,
um Spaß am Sport zu haben.

Finden Sie sich damit ab,
dass er vielleicht kein Mittelstürmer wird.
Dafür aber ein Tubaspieler.
Und noch dazu ein guter.

JUNGEN & RELIGION

Bedenken Sie, dass Sie als Vater
vor allem die Pflicht haben,
für das seelische Wohlbefinden
Ihres Sohnes zu sorgen.

Erklären Sie ihm den Unterschied zwischen Einsamkeit und Alleinsein.

Sagen Sie ihm,
dass Erfolg in einer misslichen Lage
der größte aller Erfolge ist.

Sagen Sie ihm,
dass Selbstachtung gewinnt,
wer etwas erreicht.

Reden Sie häufig mit ihm über Gott,
über Jesus, über Mose,
über Religionsstifter.
Fangen Sie damit schon an,
wenn er noch klein ist, dann wird er sich
auch trauen, darüber zu reden,
wenn er schon ein Teenager ist.

Vergessen Sie nicht:
Solange Sie mit Ihrem Sohn nicht über Gott geredet haben, haben Sie eigentlich gar nicht mit ihm geredet.

Nehmen Sie ihn regelmäßig mit
in einen Gottesdienst.
Er wird vielleicht eines Tages sagen,
dass er das nicht mag.
Und irgendwann ist das dann seine Sache.

Beten Sie alle zusammen als Familie,
aber halten Sie ihn auch an,
für sich zu beten.

Wenn er einmal vor einem ernsten Problem steht, ermuntern Sie ihn, Gott um Hilfe bei dessen Lösung zu bitten.

Erklären Sie ihm,
dass Gott auf jedes Gebet antwortet.
Manchmal mit einem Nein.

Versichern Sie ihm,
dass man sich auf Gott verlassen kann.

Halten Sie ihn dazu an,
für seine Feinde zu beten.

Lehren Sie ihn den Glauben,
dass die Welt ihm zurückgibt,
was er ihr gegeben hat.

Erklären Sie ihm,
warum er anonym spenden soll.

Halten Sie ihn dazu an,
jeden einzelnen Tag
als heilig zu behandeln.

Zeigen Sie ihm,
was Meditation ist.

Sagen Sie ihm, dass Selbstmitleid Zeitverschwendung ist.

Machen Sie sich darauf gefasst,
dass Ihr Sohn eines Tages
als totaler Agnostiker nach Hause kommt.

Sagen Sie ihm,
dass es nicht Schwäche ist,
wenn man jemandem vergibt.

JUNGEN & GELD

Geben Sie Ihrem Sohn ein Taschengeld
entsprechend seinem Alter und
den Arbeiten, die er im Haushalt erledigt.
Dabei muss Ihnen klar sein,
dass er eigentlich jedes Mal
mehr haben möchte.

Zeigen Sie ihm, wie man eine Erhöhung aushandelt.

Kaufen Sie ihm eine Brieftasche.

Bringen Sie ihm bei,
dass nichts umsonst ist.

Haben Sie keine Angst, ihm zu sagen:
»Wir können uns das nicht leisten.«

Sagen Sie ihm,
wenn er etwas dringend haben möchte,
kann er sich das Geld dafür gut
und gerne dazuverdienen.

Wenn er Geld braucht,
können Sie es ihm ja leihen.
Dringen Sie darauf,
dass er es Ihnen zurückzahlt.

Helfen Sie ihm,
ein Sparkonto einzurichten.

Erklären Sie ihm,
dass es sinnvoll ist,
den Schlussverkauf abzuwarten.

Ein kleiner Junge verliert schon mal was. Wenn ein Teenager seine Sachen verliert und dann ohne sie auskommen muss, lernt er, darauf zu achten.

Erklären Sie ihm,
dass man nicht viel Geld für
einen guten Haarschnitt ausgeben muss.

Sagen Sie ihm,
wenn er sich das Beste nicht kaufen kann,
dann solle er den besten Gegenwert für
sein Geld kaufen.

Helfen Sie ihm, wenn er 12 ist, mit seinem eigenen Geld ein kleines Aktienpaket zu kaufen. Bedenken Sie, wie vermögend er sein wird, wenn er diese Aktien fünfzig Jahre lang hält.

Erklären Sie ihm,
dass man seine Rechnungen
immer prompt bezahlt.

Erklären Sie ihm,
wie man den Wirtschaftsteil der Zeitung liest. Wenn Sie's selbst nicht wissen, dann lernen Sie es gemeinsam mit ihm.

Bringen Sie ihn dazu,
wenn er ungefähr 15 ist,
einen kleinen Job anzunehmen.
Dass er vielleicht keinen Bock darauf hat,
ist der geringste Grund,
den Job nicht anzunehmen.

Zeigen Sie ihm,
wie man einen Scheck ausfüllt
und eine Überweisung tätigt.
Er wird zwar sagen, er wisse das,
aber er weiß es eigentlich nicht.

Machen Sie ihm klar,
dass man keine Wette eingeht,
für die man nicht aufkommen kann.

Zeigen Sie ihm,
wie man es fertigbringt,
etwas in einen Laden zurückzutragen,
und sein Geld dann auch wiederbekommt.

Erklären Sie ihm,
dass man eine Kreditkarte
nur in Notfällen benutzt,
und dann besorgen Sie ihm eine.

Machen Sie ihm klar,
dass man beim Autokauf
niemals den vollen Listenpreis bezahlt.

& JUNGEN MÄDCHEN

Geben Sie Ihrem Sohn zu verstehen,
dass Frauen Sie
genauso verlegen machen wie ihn.

Sehen Sie zu,
dass Sie seine Freundinnen kennen lernen.

Verklickern Sie ihm,
dass es überhaupt keine Rolle spielt,
wenn seine Freundin keinen Hausarrest hat.
Er jedenfalls hat.

Behandeln Sie seine Freundinnen mit Respekt und sorgen Sie dafür, dass er das auch tut.

Bringen Sie ihn nicht in Verlegenheit, wenn es um Mädchen geht, obwohl es ja häufig ausreicht, dass Sie überhaupt da sind, um ihn in Verlegenheit zu bringen. Wenn er auf eine Party geht, sollten Sie daher auch keine Skrupel haben, dort anzurufen, um zu sehen, ob die Eltern zu Haus sind.

Wenn Sie ihn zu einer Verabredung fahren, dann sorgen Sie dafür, dass er aussteigt, um seine Freundin an der Tür abzuholen. Sie werden staunen, wie viele Jungen annehmen, sie bräuchten bloß zu hupen und ihr Mädchen käme angerannt.

Lesen Sie keinesfalls die Aufzeichnungen, die er in seinem Schreibtisch verwahrt.

Sprechen Sie mit ihm offen über Sex.

Sparen Sie in seiner Anwesenheit nicht an Zärtlichkeiten für seine Mutter. Er wird zwar sagen, es widere ihn an, aber überhören Sie das.

Kritisieren Sie nie seine Mutter vor ihm.
Nie, nie, nie.

Halten Sie ihn dazu an,
seiner Mutter wegen ihrer Kochkünste
Komplimente zu machen.
Auch wenn es gebratene Leber
und Zwiebeln gibt.

Machen Sie sich klar, dass sie seinen Liebeskummer nicht heilen können. Aber Sie können ihn trösten.

Machen Sie ihm Mut,
wenn er die hübsche Blondine
ausführen möchte.

GROSSE JUNGEN

Machen Sie sich klar,
dass große Jungen
keinen Babysitter mehr brauchen.

Bringen Sie ihm bei,
dass man sich Ziele setzt.
Fangen Sie klein an.
Für manchen heranwachsenden Jungen
kann es schon ein Ziel sein,
den Wecker zu stellen.

Bringen Sie ihm bei,
seine Wäsche zu waschen
und anschließend ordentlich
zusammenzulegen.

Machen Sie ihm klar,
dass die Schule kein Ort der
Selbstverwirklichung ist,
sondern ein Ort zum Lernen.

Zeigen Sie ihm Ihre Klassenfotos.
Sie können dann beide feststellen,
wie blöd Sie mal
aus der Wäsche geguckt haben.

Fahren Sie ihn
mit seinen Freunden zum Kino.
Auf diese Weise lernen
Sie seine Freunde kennen.

Sorgen Sie dafür, dass er sich Ihren Respekt verdient.

Reden Sie mit ihm über seine Träume.
Und über Ihre eigenen.

Lassen Sie ihn ruhig mal einen Misserfolg haben.

Machen Sie ihm klar,
dass er aus einem Misserfolg
genauso viel lernen kann
wie aus einem Erfolg.

Führen Sie ihm vor Augen,
dass es einen direkten Zusammenhang gibt
zwischen fleißigem Lernen
und guten Noten.

Erklären Sie ihm, dass fast alles o.k. ist,
wenn man es mit Maßen tut.
Auch die Mäßigung.

Hören Sie ihm zu, wenn er reden will,
notfalls den ganzen Abend,
wenn er es so möchte.

Bedenken Sie, dass er mitbekommt, wie Sie Ihren Vater behandeln.

Übertragen Sie ihm Verantwortung. Dadurch wird der Junge zu einem Mann.

Nehmen Sie seine Dummheiten nicht in Schutz. Er soll lernen, welche Dummheiten er sich leisten kann. Ziehen Sie ihn zur Verantwortung.

Bringen Sie ihm bei,
Büchern mit besonderer Wertschätzung
zu begegnen.

Zeigen Sie ihm, wie man ein Steak grillt.
Das ist ein Initiationsritus.

Bringen Sie ihn zum Lachen.
Erzählen Sie sich gegenseitig Witze.

Umarmen Sie ihn ganz fest,
bevor er abends zu Bett geht.
Auch wenn er schon 18 ist.

Sagen Sie ihm so oft wie möglich, dass Sie ihn gern haben.

Achten Sie darauf, dass er von Zeit zu Zeit seine Tanten und Onkel, seine Verwandten und Großeltern besucht.
Er wird sie vielleicht nicht alle mögen, aber er wird Familiensinn entwickeln.

Bringen Sie ihm bei,
dass man seinen Ärger
im Griff haben muss.

Machen Sie ihm klar,
dass man Angst nur überwindet,
wenn man sie durchlebt.

Sagen Sie ihm immer wieder, dass er die Welt verändern kann.

Bringen Sie ihm Toleranz bei.

Stellen Sie ihn sofort zur Rede,
wenn er etwas Unrechtes getan hat.
Machen Sie sich keine Sorgen,
dass Sie seine Gefühle verletzen könnten.
Nachdem Sie ihn sich vorgeknöpft haben,
sollten Sie es aber auch gut sein lassen.

Seien Sie nicht nachtragend
ihm gegenüber.

Machen Sie ihm deutlich,
wie wichtig Erfahrung ist.

Seien Sie immer und jederzeit freundlich zu ihm.

Kritisieren Sie ihn möglichst nicht vor seinen Freunden.

Sorgen Sie dafür, dass sich bei seinen Freunden herumspricht, dass Alkohol und Drogen in Ihrem Haus unerwünscht sind.

Stellen Sie einen Computer
in sein Zimmer.
Aber beileibe keinen Fernseher.

Wenn er eine Stereoanlage haben will, dann lassen Sie ihn sich selbst eine kaufen. Regen Sie sich nicht über seine Musik auf. Denken Sie daran, wie Sie mit Ihrer Musik Ihre Eltern genervt haben.

Passen Sie Ihre vier Wände nicht seinen Launen an. Machen Sie ihm deutlich, dass er sich Ihren Launen anzupasssen hat.

Schärfen Sie ihm ein,
dass er pünktlich zu sein hat
und dass er anrufen soll,
wenn er merkt,
dass er nicht pünktlich sein kann.
Und zwar immer.

Machen Sie ihm begreiflich,
dass es überhaupt kein Geheimnis ist,
die allerkompliziertesten Probleme zu
lösen: Man braucht sie nur anzupacken.

Wenn Sie ihm beigebracht haben,
zu niemandem ins Auto zu steigen,
der betrunken am Steuer sitzt,
dann wird er das auch nicht tun.

Schärfen Sie ihm ein,
dass er sich anschnallen muss.

Sprechen Sie häufig
über die Hochschule mit ihm.

Sprechen Sie beim Abendessen über Politik, Wissenschaft, Religion und über den Tag an der Schule.

Manchmal ist es einfach nötig, mit Ihrem Sohn über Dinge zu reden, die ihn auf die Palme bringen: über Freunde, die Drogen nehmen, über sein Verhalten und dergleichen. In solchen Augenblicken zeigen Sie, was Sie als Vater wert sind.

Erziehen Sie ihn dahin, dass er bei den Parties, die er gibt, keinen Alkohol und keine Drogen duldet und dass er sie ablehnt, wenn sie ihm auf anderen Parties angeboten werden. Machen Sie ihm klar, dass er damit alles andere als ein Waschlappen ist, sondern unter Beweis stellt, dass er Grips hat.

Tun Sie keine seiner Wunschvorstellungen als zu großspurig ab.

Erklären Sie ihm, dass Eifersucht zu nichts nütze ist und nur dazu führt, dass man sich am Ende ganz schlecht fühlt.

Machen Sie ihm deutlich, was im Leben zählt – und das ist eben kein Auto und keine Stereoanlage, überhaupt ist es kein Gegenstand.

Erlauben Sie ihm, dass er Ihre Sachen anzieht, Ihre Schuhe, Ihre Socken usw., sobald er reinpasst. Das ist ganz in Ordnung so. Sollten Sie eines Tages Ihre Sachen nicht mehr wiederfinden, dann leihen Sie sich welche von ihm aus.

Erklären Sie ihm,
dass kein Besitz so wertvoll ist,
dass man seinetwegen
zum Dieb werden muss.

Machen Sie ihm deutlich, dass es Zeiten gibt, wo man besser in der Spur bleibt. Wie auf der Autobahn.

Erinnern Sie ihn daran, abends die Fensterscheiben am Auto hochzukurbeln und es abzuschließen.

Bringen Sie ihm bei,
auch mal etwas wegzugeben.

Bringen Sie ihm bei,
dass Männer sehr wohl Küche und Haus
sauber machen. Jeden Tag.

Bis zu seinem Abi sollten Sie ruhig auch mal Hausarrest aussprechen, aber dann auch dabei bleiben. Im letzten Jahr können Sie das ja ein bisschen lockerer handhaben, je nachdem, wie seine Noten sind.

Halten Sie ihn an, sich in irgendeiner Weise an den Gemeinschaftsaufgaben Ihrer Gemeinde oder Ihres Viertels zu beteiligen. So lernt er, dass man Gegenleistungen schuldet.

Bringen Sie ihm bei, seiner Mutter aus den Ferien ein Geschenk mitzubringen und ihr zum Muttertag Blumen zu kaufen. Wenn er schon älter ist, natürlich von seinem eigenen Geld.

Empfehlen Sie ihm, für die Schülervertretung zu kandidieren.

Zeigen Sie ihm, wie man jemandem in die Augen sieht, und sagen sie ihm, dass er sich einen festen Händedruck angewöhnen soll.

Führen Sie ihm die Folgen seines eigenen Tuns vor Augen. Sie sind der beste Lehrmeister.

Lehren Sie ihn Geduld,
Freundlichkeit und Toleranz.
Sonst werden Sie später bereuen,
dass Sie es nicht getan haben.

Machen Sie ihm klar,
dass nichts von dem,
was er je tut oder zu tun vorhat,
eine Lüge wert ist.

Erwarten Sie großartige Dinge von ihm.

Bringen Sie ihm bei,
für das einzutreten,
was er für das Richtige hält,
auch wenn alle anderen meinen,
er sei im Irrtum.
Auch wenn Sie selbst das meinen.

Lehren Sie ihn,
dass jedes Tun Folgen hat.

Lassen Sie unter keinen Umständen zu, dass er Ihnen oder seiner Mutter freche Antworten gibt. Dadurch lernt er, Sie oder andere Erwachsene, zum Beispiel seine Lehrer, zu respektieren.

Kontrollieren Sie, welche Filme und Fernsehsendungen er sich anschaut. Das könnte unter Umständen bedeuten, dass Sie auch das überprüfen, was Sie sich selbst anschauen.

Sie müssen sich darauf einstellen,
schwierige Fragen zu beantworten,
ohne in einen belehrenden Ton zu verfallen.

Bringen Sie ihm das Autofahren bei.
Auch im Stadtverkehr. Oder bei Regen.
Und bei Schnee.

Machen Sie die Benutzung Ihres Autos von seinen Zensuren abhängig. Auf diese Weise wird er so klug wie Einstein.

Zeigen Sie ihm, wie getankt wird
und wie man die Luft prüft.
(Sie meinen vielleicht, er wisse das,
aber er weiß es nicht.)

Legen Sie feste Verhaltensregeln für Alkoholkonsum und Autofahren fest. Sollte er eines Tages vor dem Verkehrsrichter stehen (das ist durchaus möglich), sorgen Sie dafür, dass er sich anständig anzieht. Auf diese Weise lernt er, dass er sich wie ein Erwachsener zu verhalten hat, wenn er in der Welt der Erwachsenen zurechtkommen will.

Wenn er schuldig gesprochen wird, ergreifen Sie nicht seine Partei. Schließlich verdient er die Strafe, die man ihm aufbrummt. Für ihn wäre das eine passende Gelegenheit zu lernen, wie man sich verteidigt und in Drucksituationen einen klaren Kopf behält.

Wenn er wirklich einmal nach Hause kommt und nach Alkohol riecht, werfen Sie mit dem Buch nach ihm, das sie gerade lesen. Aber mit nichts anderem.

Wenn er irgendwo mogelt und erwischt wird, lassen Sie ihn die Folgen ausbaden. In der Schule, aber auch zu Hause.

Zeigen Sie ihm,
wie man sich die Zähne
mit Zahnseide säubert.

Kaufen Sie ihm einen Deo-Stift,
und das ganze Haus wird besser riechen.

Zeigen Sie ihm, wie man sich mit einem Rasierapparat rasiert und wie man kleine Papierschnipsel zusammenrollt, um das Blut zu stillen. Das erspart ihm eine Menge blutbefleckter Hemdkragen.

Flippen Sie nicht aus, wenn er die Haare mal lang trägt. Sagen Sie aber laut und deutlich nein, wenn er mit einer blöden Frisur ankommt.

Sie müssen sich bei einem Teenager den Unterschied zwischen normalem und bedenklichem Verhalten ganz deutlich vor Augen führen. Und dann müssen Sie lernen, den stinknormalen Teenager in ihrem Haus zu akzeptieren und mit ihm zu leben.

Machen Sie ihm klar,
dass Vertrauen zartem Porzellan gleicht.
Wenn es erst mal zerbrochen ist,
dann braucht es eine Weile,
ehe es wieder gekittet ist.

Stellen Sie kein Ultimatum,
mit dem Sie nicht leben können.

Hängen Sie einen Sandsack
in der Garage auf ... er gleicht eine Menge
Rivalität unter Geschwistern aus.

Lehren Sie ihn,
immer ehrlich seine Meinung zu sagen.

Machen Sie ihm klar,
dass auch ein Job mit geringem Lohn
ehrenhaft ist ... und Geld einbringt.

Bringen Sie ihm bei,
dass er seinen Boss anrufen soll,
wenn er nicht zur Arbeit kommen kann
oder mal zu spät dran ist.

Glauben Sie an ihn.

Teenager betrachten sich gern im Spiegel.
Fragen Sie ihn gelegentlich,
was er seiner Meinung nach dort sieht.

Machen Sie gemeinsam Liegestütz.

Machen Sie ihm vor,
wie man gurgelt.
Sonst könnte Ihr Badezimmer
Schaden nehmen.

Sie müssen sich klar darüber werden, dass Sie nicht alles für ihn sein können.

Zeigen Sie ihm,
wie befriedigend es ist,
eine Arbeit abzuschließen.

Machen Sie ihm klar, dass die Welt ihn nach seinen Taten und nicht nach seinen Absichten beurteilt.

Schärfen Sie ihm ein,
dass er pünktlich zu sein hat.
Die Welt funktioniert nicht
nach der Zeit der jungen Leute.

Dulden Sie keineswegs
seine Übellaunigkeit.
Dann bekommen Sie es auch
nicht mit Launen zu tun.

Sagen Sie ihm,
dass Regeln auch dann nicht gebrochen
werden sollten,
wenn sie blöd sind.

Halten Sie sich Zeiten frei,
in denen Sie mit ihm allein sind.

Erklären Sie ihm,
wie man sich entschuldigt.
»Tschuldigung« ist nicht dasselbe,
als würde man sagen: »Es tut mir leid.«

Sagen Sie ihm,
er soll den Mund zu machen,
wenn er kaut, und auf machen,
wenn er redet.

Zeigen Sie ihm,
wie man mit Stäbchen isst.
Aber auch mit Messer und Gabel.

Wenn Sie auf Geschäftsreise gehen, rufen Sie ihn an. Er vermisst Sie.

Zeigen Sie ihm,
wie man einen Reifen wechselt.
Wenn Sie es selbst nicht wissen,
lassen Sie jemanden kommen,
der es Ihnen beiden zeigen kann.

Machen Sie ihm deutlich,
dass leichtsinnige Menschen mehr Schaden
bei anderen als bei sich selbst anrichten.

Sagen Sie ihm,
dass wirkliche Unabhängigkeit bedeutet,
dass er bezahlt.

Versichern Sie ihm,
dass ein aufgeräumtes Zimmer ihn nicht
zum Trottel macht. Es bedeutet bloß,
dass er seine Unterwäsche leichter findet.

Bestärken Sie ihn,
seinen Instinkten zu vertrauen.
Wenn ihm etwas gefährlich vorkommt,
dann ist es das womöglich auch.

Achtung:
Wenn Sie etwas einmal tun,
denkt Ihr Sohn womöglich,
es handele sich um eine Tradition.
(Jungen sind wirklich komisch
in dieser Hinsicht.)

Sollte er nachts lange aufgeblieben sein
und nach 12 Uhr mittags immer
noch schlafen, dann wecken Sie ihn
und geben ihm etwas zu tun.

Sagen Sie ihm,
dass das einzig Beständige im Leben
die Veränderung ist.

Erklären Sie ihm,
dass ein Buch nicht nach seinem Einband
beurteilt werden kann.

Bringen Sie ihm bei,
immer die Gebrauchsanweisung zu lesen.

Sagen Sie ihm,
dass man auch zu hart arbeiten kann.

Machen Sie ihm klar,
dass eine Pille in der Regel keine Lösung
für ein Problem ist.

Sagen Sie ihm, dass es nicht schlimm ist, wenn etwas daneben geht, wohl aber, wenn man eine Sache gar nicht erst versucht.

Zeigen Sie ihm,
wie man einen Hammer benutzt,
einen Schraubenzieher und eine Säge.

Machen Sie ihm klar, dass man keine Brücken hinter sich abbricht.

Sagen Sie ihm,

dass man sich seine Freunde erhält.

Machen Sie ihm deutlich,
dass man ruhig um Hilfe bitten kann.

Bringen Sie ihm das Kartenlesen bei.

Halten Sie ihn zur Freundlichkeit an.

Sagen Sie ihm, dass sein Schicksal ganz allein bei ihm liegt.

Machen Sie ihm deutlich,
dass man nichts zu fürchten braucht
außer der Furcht selbst.

Zeigen Sie ihm, wie man bügelt.

Sagen Sie ihm,
dass er sich nicht zu fest
an etwas klammern soll.

Machen Sie ihm klar,
dass es durchaus
auf das Äußere ankommt.

Ermutigen Sie ihn,
nach den Sternen zu greifen.

Versprechen Sie ihm,
immer für ihn da zu sein.

Ermutigen Sie ihn, nie aufzugeben.

Sagen Sie ihm, wie wichtig es ist, seine Mutter regelmäßig anzurufen.

Und zu guter Letzt ...

Lassen Sie ihn seinen eigenen Weg gehen.